Cicatrices que iluminan

Cicatrices que Iluminan

Marcela Grifó Pasquali

Círculo Rojo
EDITORIAL

Primera edición: agosto de 2025

Depósito legal: AL 5980-2025

ISBN: 979-13-7023-065-4

Impresión y encuadernación: Editorial Círculo Rojo

© Del texto: Marcela Grifó Pasquali
© Maquetación y diseño: Equipo de Editorial Círculo Rojo

Editorial Círculo Rojo
www.editorialcirculorojo.com
info@editorialcirculorojo.com

Impreso en España — Printed in Spain

A cada persona que ha cruzado mi camino,
incluso a aquellas que ya no están.
Este libro es una luz encendida por muchas
almas: las que abrazaron, las que hirieron,
las que simplemente pasaron.
Cada poesía lleva la huella de otros pasos,
porque también fueron ellos quienes, sin saberlo,
mantuvieron encendida mi llama.

Aun las presencias oscuras tuvieron su
sentido:
porque cuando uno es luz, puede alumbrar
incluso el alma más turbia.
Y es que la oscuridad jamás podrá esconderse
cuando un destello de luz la ilumina.

Presentación

No es fácil poner en palabras lo que nace del alma.

Este libro no fue escrito de forma casual ni como un proyecto pensado: fue tejido en los silencios, en las heridas, en la observación constante de lo que duele y lo que transforma.

Durante años, la poesía me acompañó en lo invisible:
cuando no podía hablar, escribía. Cuando no sabía cómo seguir, rimaba. Y cuando parecía que la realidad no tenía sentido, los versos me ofrecían una guía emocional.

Cicatrices que iluminan es eso: un mapa de emociones que no se esconden.

Aquí hay sombras, sí. Pero también luz, siempre luz. Porque incluso las heridas más profundas pueden volverse luz de camino si se abrazan con verdad.

Este libro está escrito para los que entienden de riqueza del alma, para quienes han callado, para quienes alguna vez creyeron que estar rotos era el final… y descubrieron que era solo el comienzo.

1.

Desde siempre, poeta

Desde niña fui verso sin rima impuesta,
jugaba a rimar lo que el alma me muestra.
No había un reloj que marcara el sentir,
la vida en sus gestos me hacía escribir.

Pasaba las horas con tinta y papel,
mi mundo era inmenso en su propio nivel.
No buscaba musa, ni fecha, ni guía;
me inspiraban el viento, el sol, la alegría.

La tristeza, el amor, la injusticia callada,
todo era semilla de mi madrugada.
Mis manos temblaban al ver la verdad
que esconde la vida en su dualidad.

Quizás mis poemas te hablen de guerra,
de golpes, de sangre, de muerte en la tierra.
No es que yo lleve esas sombras por dentro,
es que el mundo las siembra en silencio.

Porque ser poeta no es solo belleza;
es ver el dolor y escribir con certeza.
La vida no es solo jardín ni canción;
también es vacío, también es prisión.

Pero también canto la flor que despierta,
la risa de un niño, la luz que se oferta.
Hay versos que nacen de un alma en sosiego,
que bailan con fuego, que vuelan sin ego.

Mis letras son mapas de todo lo humano,
del barro y del oro que habitan mi mano.
Del mundo que gime, del alma que abraza,
de aquello que hiere, de lo que te arrasa.

Así soy poeta desde que respiro,
mi voz no se apaga, mi pluma no giro.
Y aunque duela el mundo que escribo y declamo,
también celebro lo eterno que amo.

2.
Aceptar y perdonar

Acepto que no todo fue justo,
que hubo sombras que dolieron,
que la vida no pidió permiso
para marcarme con su hierro.

Acepto las grietas del alma,
los días que no entendí,
las palabras que me hirieron
y los silencios que callé en mí.

Perdonar no es olvidar el daño;
es soltar la carga que no sana,
es liberar lo que me ata
y dejar que mi luz tenga alas.

Perdono porque el alma liviana
sabe volar más alto y sin rencor.
Perdono no por quien hiere,
sino por darme paz y amor.

Acepto lo que fui sin juicio ni castigo,
los pasos que erré y los que me hicieron brillar.
Y al mirarme con ternura en el espejo del camino,
sé que perdonarme… también es comenzar.

3.
Alas sin testigos

No llevo banderas ni grito consignas;
mi vuelo es secreto, sin ruta ni mapa;
la libertad no es romper las cortinas,
sino abrir la ventana cuando el mundo tapa.

He caminado por calles cerradas
con pies que sangraban, pero no cedieron,
y aunque en mi pecho duerman mil espadas,
hay versos suaves que aún no murieron.

No soy lo que dicen ni lo que esperan;
soy lo que nace cuando todo calla,
una voz limpia que no desespera,
un campo en flor que no busca batalla.

Me libero en gestos, en pausas, en ritos,
en no complacer al juicio de afuera.
Mi ser no cabe en discursos escritos
ni en moldes rotos de vieja frontera.

Libre es quien ama sin ser poseído,
quien no se ajusta por ser aceptado,
quien baila solo y, sin ser aplaudido,
se sabe digno, entero y celebrado.

4.
Algún día

Algún día, cuando el sol no tema al viento
y la luna no se esconda del dolor,
cuando el hambre ya no vista cuerpos rotos
y la guerra no se alce como honor.

Algún día, cuando el grito sea escucha
y la piel no sea juicio ni temor,
cuando el alma se defienda con ternura
y los muros caigan frente al corazón.

Ese día que aún parece tan lejano
se está escribiendo lento, sin reloj,
en las manos que aún acarician sueños,
en los ojos que aún buscan compasión.

Y yo, sembrando versos entre sombras,
te enseño que la luz no se apagó.
Que en cada gesto simple hay una llama,
y en cada herida abierta, redención.

Porque creo, con la fe del que resiste,
que un día el mundo será mucho mejor.

5.
El amor por la vida

Amo la vida que sangra en la aurora;
que tiembla en los dedos del amanecer;
que cae en mis manos, temblando, sonora,
y canta, aunque duela, por solo nacer.

La quiero en su caos, en su desconcierto,
en cada pregunta que insiste en girar,
porque en cada grieta florece un concierto
de flores que luchan por no marchitar.

La vida es un beso que nunca termina,
un vino que arde, un fugaz resplandor,
un verso tallado con mano divina
que ríe, que cae, pero canta el amor.

Si un día me marcho, que sea en su canto,
sin miedo en los ojos, sin tregua ni adiós.
Viví porque amé… y fue tanto, fue tanto,
que el alma en la vida dejó su voz.

6.
Alma espejo

Te conocí aquel día de verano,
paseando por un oscuro sendero
en aquel castillo del pasado,
donde un antiguo piano,
congelado en el tiempo,
nos esperaba.

Tu pequeño foco de luz
marcaba todo el tiempo mi camino
para que no tropiece,
para que no caiga.

Te conocí bajo la luz de las estrellas,
bajo la magia de aquel lugar
que marcaría nuestros caminos para siempre.

Desde ese mismo día comprendí
que eras parte de mí,
que eras parte de mi alma.
Eras padre, eras hermano y eras amigo.

Nuestros ojos acababan de conocerse,
pero nuestras almas se reconocieron.

Tienes una fuerza infinita,
un alma de lucha imparable,
unos sueños de príncipe encantado
y un escudo de hierro entre tus manos.

Mi compañero de locuras,
de risas, de llantos.

Quizás nunca sepas lo que siento,
quizás nunca sepas lo que he llorado,
porque detrás de tus silencios hay gritos
y detrás de tus gritos hay calma.

No te rindas, no desistas,
no te caigas,
porque vayas donde vayas,
mi corazón siempre seguirá tu alma.

Una amistad infinita,
un sentimiento sincero,
un corazón verdadero.

No temas, no tengas miedo,
porque allí, al final del camino,
allí, amigo, te espero.

7.
Amo lo que soy

Amo lo que soy, raíz y tormenta,
el claro del día, la sombra en mi piel,
mi paso sin prisa, mi voz que no intenta
ser eco de otros... ni copia de él.

Soy canto imperfecto, soy mapa sin trazo,
soy vuelo que no se dejó encerrar,
y en cada error guardo un sabio abrazo
que me hizo caer, pero también volar.

No visto verdades que el alma no siente
ni cambio mi fuego por falso candor,
prefiero el silencio que va de frente
a la voz que agrada... sin tener valor.

Feliz soy así, sin molde ni engaño,
sin dobleces frías, sin vida prestada,
porque quien responde al latido más hondo
abraza la luz... aunque duela la nada.

Triste el que vive con miedo a sí mismo,
que vende su esencia por ser aceptado,
que entrega su alma al juicio del abismo
y olvida el lenguaje... de lo no comprado.

Amo lo que soy, con grieta y espina,
con todo el desorden que el alma pintó,
pues solo es feliz quien honra su esquina
y sigue la ruta… que el alma marcó.

8.
Amor sin medida

No pide, no exige, no espera,
no calcula si da o si recibe,
es amor que se entrega en silencio,
como el río que al mar se despide.

Es amor sin promesas ni tiempo,
sin cadenas ni voz que lo oprima,
es presencia que abraza en lo oscuro,
es la llama que en calma ilumina.

No se viste de gestos perfectos
ni reclama razones ni ley,
es tan libre que apenas respira,
pero en su vuelo da paz y da fe.

Quien lo lleva no tiene más oro,
pero su alma se siente bendita,
porque el amor que no piensa en sí mismo
es el único amor que te habita.

9.
Ángel guerrero

Se mira en el río y duda al instante,
cree que su alma lo vuelve distante.
Demasiado noble, demasiado humano,
un roble que tiembla, mas nunca es en vano.

Le dijeron que el llanto es debilidad,
que la piel sensible no es de verdad.
Pero él, sin palabras, con pecho dolido,
ha andado caminos que nadie ha seguido.

Con manos de hierro y alma de cielo,
ha roto silencios, ha alzado el anhelo.
Se traga las piedras, esquiva los muros,
sabiendo que amar es de corazones puros.

No empuña la espada ni grita su herida,
pero en cada paso defiende la vida.
No busca dañar, no ofrece veneno;
su escudo es ternura; su lanza, el ser bueno.

Ha luchado guerras sin nombre ni canto,
ha perdido todo y, aun así, es encanto.
Porque quien resiste con el alma viva
lleva en su pecho la fuerza más digna.

Es un ángel guerrero sin alas visibles,
de gestos honestos, de actos imposibles.
Su fuerza no ruge, su poder no manda,
es brisa que abraza, es luz en el alma.

No hay hombre más fuerte que el que, sin temor,
se atreve a sentir, se atreve al amor.
Y aunque el mundo le diga que debe cambiar,
él sigue su esencia… sin dejar de amar.

Y si la vida me hiciera elegir,
volvería al mismo sendero a seguir.
Al ángel que fue mi faro en lo oscuro,
mi fuerza en lo débil, mi amor más seguro.

10.
Banquete de sombras

En mesas de mármol, con tronos de oro,
se sirven banquetes sin un decoro.
Sus manos son redes que atrapan el grito,
tejiendo en la sombra un oscuro rito.

Son lobos vestidos con piel de cordero,
que venden la pobreza con falso aguacero.
Como ríos secos que buscan afluente,
absorben la vida de un pueblo doliente.

Elevan torres de humo y de espejos,
prometen cielos, entregan reflejos.
El pan del hambriento es moneda quebrada,
que cambia de manos en su red dorada.

Con voz de ángeles predican la causa,
pero su alma es piedra que nunca se pausa.
Donan migajas, roban el pan,
con sus gestos fingidos de caridad van.

El niño es cifra; el llanto, un número;
la madre, sombra en su mundo oscuro.
Son mercaderes del llanto ajeno,
visten la pobreza con traje de veneno.

Mas no hay disfraz que el viento no arranque
ni torre que el tiempo no desgaste.
Y en la memoria que guarda el abismo,
caerán sus nombres… sin heroísmo.

Porque la historia, paciente testigo,
sabe quién da… y quién juega al amigo.
Y al final, cuando el silencio hable,
no habrá más máscaras… ni mesas estables.

11.
Conciencia ligera

He cargado piedras que no eran mías,
culpas heredadas, temores sin nombre,
pero un día dejé caer los «debería»
y entendí que vivir es lo que sentía.

Fui quitando peso del alma,
palabras que no eran verdad,
silencios que no me cuidaban,
promesas que dolían más.

Hoy camino sin más equipaje
que la calma de haber sido honesta,
de no hacer daño a quien no lo merece,
de dormir sin guerras en la cabeza.

No hay mochila más liviana en el mundo
que saber que actuaste con bien.
La conciencia tranquila no pesa,
la conciencia tranquila… da fe.

12.
Corazón de dimensiones

No todos la entienden. Camina en silencio,
pero el alma le habla de mundos lejanos,
oye susurros donde otros ven viento
y siente presencias... sin verlas de plano.

Tiene en la piel memorias ajenas,
rostros que nunca tocó con sus manos,
y en su mirada, profundas cadenas
que unen el cielo... con lo más humano.

Habla con calma, escucha lo sutil,
descifra el latido de un alma cerrada,
cruza las vidas como un hilo febril
que une los tiempos... sin pedir nada.

Pasa entre muchos con paso ligero,
como si habitara un ritmo distinto;
hay algo en su sombra, callado y sincero,
que deja en el aire un eco distinto.

No necesita pruebas ni explicación,
lo que ella siente no cabe en esquemas;
es puente, es fuego, es percepción,
una voz del todo... entre tantas escenas.

No busca ser vista ni ser comprendida,
lleva su don como quien lleva el cielo,
es una mujer de energía encendida
que habita los bordes… de todo lo eterno.

13.

Cuando sueño

Cuando sueño, me escapo del suelo,
mis pies se despegan del gris cotidiano
y cruzo portales de viento y de cielo
sin mapas, sin límites, sin ser humano.

Allí no hay relojes ni leyes de sombra,
ni juicios que duelan, ni miedo que abrace.
Todo es posible, la lógica asombra
y el alma recuerda que nada la enlace.

He volado en mares de luces abiertas,
he danzado en bosques de fuego sereno,
hablé con estrellas de voces secretas
y abracé paisajes de amor sin terreno.

Los sueños me llevan a mundos perdidos,
a tierras que el día jamás entendería,
donde los silencios son bienvenidos
y hasta el dolor se viste de poesía.

A veces despierto sin recordar nada,
pero en el pecho me queda el reflejo
de una emoción extraña, no explicada,
como si el alma trajera un consejo.

Porque en los sueños, sin ruido ni prisa,
descubro rincones que el día no alcanza,
y sé que hay magia, aunque nadie la avisa,
donde el alma viaja… y al fin se descansa.

14.
Destino o camino

¿Destino escrito o camino elegido?
¿Es el destino una línea tallada
en mármol antiguo, sin margen ni quiebre?
¿O es un sendero de tierra sembrada
que el alma cultiva… cuando se atreve?

A veces parece que algo nos llama,
que todo encaja como si supiera,
que hay una fuerza que en sombra nos trama
y al paso correcto… sin ruido nos lleva.

Otras, en cambio, lo vamos buscando,
con mapa en blanco, con sed en los pies,
y es cada paso el que va dibujando
la forma precisa… de nuestro revés.

Tal vez no hay trazo, tal vez no hay cadena,
solo intuiciones vestidas de azar
y un corazón que entre niebla y condena
elige su norte… sin ver dónde está.

O quizás nacemos con ciertos fragmentos,
destellos ocultos de lo que seremos,
y el resto se escribe con nuestros intentos,
con cada elección… y con lo que perdemos.

Sea lo que sea, yo sigo el misterio,
pregunto en silencio, camino y confío,
porque si hay destino, será necesario
y, si no lo hay, yo misma lo escribo.

15.
Dios habita en lo alto

No lo encontré en los templos de piedra
ni en los rezos repetidos al aire,
sino en la piel rugosa de la montaña,
donde el silencio habla
y el alma por fin escucha.

Allí, entre el eco de los picos eternos,
Dios no era un nombre
ni un mandato,
era el todo:
la brisa que me despeina el miedo,
el sol que lame mis cicatrices,
el mar que traduce lo que no sé decir.

Subí buscando respuestas
y bajé con preguntas más claras,
con el pecho lleno de pájaros
y la certeza de que el cielo no cuelga arriba,
sino adentro.

La montaña me enseñó a orar sin palabras,
a arrodillarme sin rendirme,
a entender que la divinidad
no vive lejos,

vive en el temblor de una hoja,
en el crujido noble de un árbol viejo,
en la fuerza silenciosa de una roca
que ha sabido esperar mil años.

En lo alto,
cuando el mundo queda abajo
y el ruido se disuelve como niebla,
comprendí que mi alma no busca refugios...
Ella es el refugio,
y Dios es quien la habita
cuando dejo que el bosque me abrace.

16.
Don sin envoltorio

La vida no vino envuelta en papeles
ni traía instrucciones en su llegada;
vino desnuda, con soles y hieles,
con días de fiesta y noches de nada.

Nos la dieron así, sin garantías,
sin prometer que sería sencilla,
pero cargada de almas y días,
y una verdad: todo brilla… o brilla.

Es un regalo que a veces duele,
que no siempre entendemos al instante,
pero en su caos, algo nos revela:
vivir es arte y el pulso es constante.

Hay risa en los charcos, amor en la espera,
mil gestos sagrados en lo cotidiano,
un niño que canta, una flor sincera,
un perdón susurrado, un apretón de mano.

La vida no exige que seas perfecto
ni que lo tengas todo resuelto,
solo pide que acojas lo bueno
y abraces lo simple, lo cierto, lo eterno.

Porque a pesar del dolor y el quebranto,
de los días grises o la duda callada,
vivir es un canto, es milagro y es manto,
es amar y es saber reconstruir los pedazos.

17.
Donde aprendí el silencio

Hay palabras que llegan tan crudas
que el pecho se parte sin ruido,
como si no supieras las dudas
que siembras con cada latido.

No miden, no esperan, no tiemblan,
se clavan sin previo aviso,
y, aun así, tantas veces se siembran
donde antes crecía el hechizo.

Las dices como quien no se entera
de todo lo que dejan detrás,
como si no doliera la espera
de un gesto de honestidad.

Y yo callo… como aprendí de niña,
cuando el frío llegaba sin nombre,
cuando la ternura era espina,
y el amor, un idioma del hombre.

Te hablo a ti, que sembraste en almas
una forma distinta de ser.
Que hieres sin perder la calma
y quieres sin saberlo hacer.

Aunque duela, te miro sin ira,
con el perdón tatuado en mi piel.
Y aun sangrando por lo que se tira,
te devuelvo mi amor… sin papel.

18.
Donde el alma se posa

Me sana el mar, su orilla silente;
me siento en su borde y todo es presente.
Sus olas me lavan lo malo del día
y el alma respira su azul melodía.

En lo alto de una montaña toco los cielos,
mi cara se llena de besos sin celos.
El viento me roza con manos de calma
y el mundo se borra detrás de mi alma.

Allí no hay relojes ni gritos del mundo,
solo un canto leve, seguro, profundo.
Los pájaros dicen verdades sin peso
y el árbol me abraza sin ningún proceso.

Y siento en lo alto, tan cerca del alma,
que al final del bosque reposa la calma.
Algo sagrado allí se revela;
no tiene palabras, pero sí estrella.

Observo las flores sin tiempo ni prisa,
mi cuerpo se anula, mi espíritu avisa
que ahí en lo inmóvil también hay sentido,
que a veces la vida se encuentra al oído.

Y bajo el sendero ya no soy la misma,
me llevo la luz que el bosque me entrega.
Con manos livianas, sin peso ni pena,
con el corazón en la cumbre serena.

19. Donde habita mi alma

No hablan mi idioma
y, sin embargo, me entienden.
No me juzgan, no mienten,
me miran… y me sostienen.

En sus ojos no hay engaño;
solo vida, instinto, verdad.
Son la voz del mundo antiguo,
el latido de la paz.

Cada uno guarda un universo,
hecho de luz, de miedo, de juego.
Y yo los amo —sí, sin medida—
porque su existencia sana mis huecos.

He sentido su ternura en el silencio,
su entrega sin razón ni condición.
Un perro, un ave, un caballo herido…,
todos caben en mi corazón.

No son «menos», no son «otros»,
son espejos de lo que somos.
Guardianes del alma del mundo,
hermanos que amamos y rompemos.

Yo no quiero un mundo sin ellos,
sin su correr, su canto, su piel.
Porque cuando abrazo su presencia,
mi alma recuerda quién fue.

20. Donde nacen los sueños

Nadie dijo que sería sencillo,
que el camino no tendría espinas,
pero hay fuegos que no se apagan
cuando el alma por dentro se ilumina.

Hay sueños que duelen al inicio,
como alas que aún no se abren,
pero crecen con cada caída
y se elevan, aunque el miedo los trabe.

No importa cuántos no escuchaste
ni cuántas puertas viste cerradas;
si la voz de tu sueño persiste
es porque merece su jornada.

Lucha con calma, con fuerza, sin prisa;
abraza el intento aunque duela.
Los sueños no son imposibles:
solo esperan que alguien los crea.

21. El alma que duele en silencio

No todo dolor nace en la carne
ni toda herida sangra en la piel,
hay grietas que laten bajo el esmalte
de un alma cansada… sin ser infiel.

Tomamos pastillas como si la calma
pudiera servirse en dosis medidas,
como si el cuerpo no hablara del alma
cuando esta se ahoga… por dentro, vencida.

El insomnio no es falta de sueño,
es un grito antiguo que nadie escuchó,
y el temblor del pecho, ese pequeño empeño,
es reflejo de todo… lo que se calló.

Hay fiebres sin virus, hay nudos sin causa,
dolores errantes, fatigas sin fin,
y no es el cuerpo quien pide la pausa,
es el alma… buscando un latir.

No hay máquina que lea lo que no se nombra
ni examen que escuche un alma partida,
pero hay síntomas que en la sombra
saben contar… lo que calla la vida.

No todo se cura en hospitales fríos
ni en recetas firmadas en tinta y temor,
hay males que brotan de sueños vacíos
y solo se sanan… tocando el dolor.

22. El alma que vuela

Cuando el sueño me alcanza en su brisa dorada,
mi alma se eleva, saliente, alada.
No tengo un destino, no busco un lugar,
soy viento en la noche, soy verbo en el mar.

No soy carne ni sombra ni nombre impuesto,
soy pluma que danza sin peso en el resto.
En vuelo me encuentro, me escucho, me sé,
descubro que libre es quien quiere ser.

No es ley del camino ni forma heredada,
la libertad nace del alma templada.
A veces nosotros forjamos cadenas
y luego acusamos la vida por penas.

Montamos escenas, culpamos al suelo,
decimos que el mundo nos roba el anhelo.
Pero son los miedos, disfraces del ego,
los que nos detienen, los que quiebran el juego.

Ser libre es un arte, no un don recibido;
es labrar el espíritu, no andar consentido.
Es ver que el amor no sostiene prisiones,
que florece en almas con hondas razones.

Cada ser es un templo, un cosmos, un río,
que busca su cauce, su danza, su brío.
No existe el amor que encadena y arrastra,
solo el que acompaña, el que nunca desgasta.

Volar no es huida; es forma de amar,
de honrar el silencio, de aprender a esperar.
Quien sabe su esencia no teme al abismo,
pues vuela sabiendo que ahí está el mismo.

Y así, cuando sueño, no sueño escapar;
solo abro las alas para recordar
que libre no es quien vive sin peso,
sino quien elige el vuelo en su regreso.

23. El amor que no se compra

No hay tesoro más puro en la tierra
que el amor sin trampa, sin ceremonia;
el que no se vende, el que nunca se encierra,
el que brota limpio… como la memoria.

Es calor de abrigo en noche desnuda,
es sol en tormenta sin pedir razones,
es raíz que abraza cuando todo duda,
es voz que consuela sin condiciones.

Hay quien se rodea de luces ajenas,
de copas alzadas y brindis fingidos,
pero, entre el bullicio, el alma en su pena
reconoce el eco… de abrazos perdidos.

Los cuerpos vestidos de gala
pueden brillar como el oro en vitrinas,
pero si el alma que llevan resbala,
son joyas falsas… sin luz genuina.

Yo prefiero el gesto que no se proclama,
la mano extendida sin premio ni gloria,
la mirada fiel que en el alma derrama
lo que no se compra…, lo que hace historia.

Amar es quedarse cuando nadie aplaude,
ser refugio tibio sin nombre ni escudo,
es ser hogar cuando el mundo no cabe
y ser verdad… en un mundo tan duro.

24. El cometa de la vida

El cometa de la vida
no se compra ni se vende.
Va hacia un lado y hacia el otro,
pero nunca se detiene.

Cuando la lluvia va en descenso,
con el viento se estremece.
Cuando el sol sale con fuerza,
nada es lo que parece.

Un relámpago en la noche
amenaza su camino.
No hay peligro, no hay miedos:
él tiene un destino.

No te aflijas, no se pierde,
no se muere.
El cometa, por las noches,
con el viento siempre vuelve.

25. El grito verde

Me habló la tierra con voz desgarrada,
con ramas por labios, de savia empapada;
sus ojos de lago lloraban desechos
y un viento dolido soplaba en su pecho.

«Ya basta —decía— de tanta herida,
no soy vertedero, soy fuente de vida.
Mis ríos no cantan, mis mares se ahogan,
mis cielos de humo la luz ya no logran».

Sus bosques, otrora vestidos de gala,
se visten de fuego, de hollín, de metralla.
Los pájaros mudos, las flores sin alma,
el lobo sin monte, la luna sin calma.

El sol me susurra que el hielo ha partido,
la lluvia se enfada, el trueno es su grito.
Me escupo los restos que el hombre me lanza,
mi vientre revienta, mi furia no alcanza.

Fui madre y refugio, canción y semilla;
ahora soy furia que ya no se humilla.
No quiero castigos, solo que escuches
el llanto silente que en mí se embuche.

Soy hoja que cae por cada promesa,
soy grieta en la roca, soy alma deshecha.
El alma del mundo me arde en el pecho,
no aguanto ser nunca más solo un desecho.

Fui madre tierra, abrigo y sustento;
di sombra, alimento y oxígeno al viento.
Y a cambio recibo, con cruel desatino,
el hacha en mis bosques, veneno en mi vino.

26. El hogar en mi piel

Un día me cansé de buscar en los otros
la voz que calmara mis propios vacíos,
de mendigar soles en rostros remotos
mientras mi alma lloraba en sus ríos.

Fui casa ajena, fui tierra prestada,
me arrodillé ante espejos sin fondo,
hasta que entendí —dolor en la espalda—
que el amor empieza en mi mundo redondo.

Me abracé temblando, sin justificaciones,
como se abraza lo que aún no se entiende,
y en mis silencios hallé las canciones
que mi corazón callado defiende.

No soy promesa ni meta alcanzada;
soy tránsito vivo, verdad imperfecta,
pero he aprendido, sin ser rescatada,
a ser mi faro, mi fuerza, mi recta.

Hoy me celebro sin pedir permiso,
me habito entera, con luz y con grieta,
y si el mundo un día me ofrece su juicio,
aquí le espero, tranquila y dispuesta.

27. El mayor logro

No fue el aplauso, ni el trofeo brillante,
ni el reconocimiento en la voz de los otros.
Fue la paz de cerrar los ojos una noche
y sentir que viví sin enojos.

No fue escalar hasta la cima más alta
ni llenar el camino de metas cumplidas;
fue reír sin motivo, llorar sin vergüenza
y abrazar mis heridas.

Feliz no es quien nunca tropieza
ni quien tiene todo resuelto;
es quien baila con sus propias dudas
y convierte lo simple en un cuento.

Ese es el logro más grande de todos:
vivir sin mentiras ni temor,
despertar cada día con calma
y sonreír… sabiendo quién soy.

28. El miedo ajeno

Me dieron temores como quien da abrigo,
la sociedad decía: «No sueñes», «No cruces»;
eran miedos viejos, ajenos, vencidos,
envueltos en frases de amor mal sembrado.

Me vistieron cautela, prudencia y barreras;
me enseñaron que el mundo castiga al que vuela,
que es mejor la jaula si la puerta cierra
y callar el alma si canta a su estrella.

Pero un día entendí que esas voces no eran mías;
que nací para andar, no para replicar,
y que no hay camino más cruel que la guía
que apaga los sueños por miedo a caer.

Elegí mi ruta, mis riscos, mis fuegos,
los pasos torcidos, los vientos contrarios,
y supe que el miedo no es más que un juego
del alma que duda… o del cuerpo cansado.

Porque el miedo, a veces, no es más que pretexto,
la excusa elegante del que no lo intenta,
la máscara gris del «mejor no lo hago»,
el ancla del flojo que nunca se enfrenta.

Hoy sigo mis huellas sin mapa ni dueño,
deshago cadenas, renombro el destino,
no cargo temores que no sean mis sueños
ni sueños truncados que no sean míos.

29. El reloj

Vienes marcando mis pasos,
vienes trazando un camino,
vienes corriendo con prisa,
mirando de frente al destino.

Somos tierra, somos agua,
somos cielo,
encerrados en polvos de estrellas,
esperando el respiro del viento.

No me exijas, no me impulses,
ya no temo.
Porque sé que el final del camino
es volver otra vez al comienzo.

Cierro los ojos, duermo sin miedo,
porque ahora escucho,
porque ahora entiendo
que no existe la muerte,
solo el paso del tiempo.

30. El sendero es la meta

No hay cima esperándome al borde del abismo
ni barco que reclame mi sombra en la marea,
la vida es un río sin nombre ni orilla,
un cauce que fluye, que arrasa, que no espera.

No hay premio colgado en el hilo del tiempo
ni trofeo al final del cansancio y la espera;
es la huella en el polvo lo que vale el aliento,
el paso que tiembla…, no el fin de la escena.

Soy rama que danza sin temer al invierno,
barco que navega sin puerto, sin esperas,
pues todo se forja en la bruma del día,
no en la idea de un «llegar» que a veces encadena.

Lo importante no es dónde termina la senda,
sino andar con los ojos abiertos al cielo,
sentir que en la marca del paso se encuentra
la razón más profunda de cada momento.

Los pétalos caen y no piden permiso,
la luna no corre por llegar a ser plena,
y así voy yo, sin reloj ni frontera,
respirando el instante,
sin buscar la respuesta.

31. El silencio que sana

En el ruido del mundo me pierdo,
en el silencio… me encuentro.
Allí donde no hay voces ni juicios,
habla el alma, lento.

No es ausencia ni olvido,
es presencia sin palabras,
es un abrazo invisible
que cura sin decir nada.

El silencio no grita,
pero limpia lo que pesa.
Es el recuerdo de lo que fuimos,
la raíz que aún nos sustenta.

Allí me recojo, me escucho,
me reconstruyo en calma.
Porque a veces no se grita para sanar,
a veces… solo se guarda el alma.

32. El susurro final

Hay un frío antiguo que a veces me nombra,
como un eco leve que viene y se esconde,
una voz sin rostro que al alma me asombra
y me recuerda que todo se pierde… y responde.

No es grito, no es sombra con forma violenta;
es más bien un murmullo que roe despacio,
que, al pensar en el fin, la razón se enfrenta
y el corazón tiembla en su frágil espacio.

¿Qué hay detrás del último parpadeo?
¿Un sueño eterno o un cielo escondido?
¿O solo el silencio… sin risa ni deseo,
como un libro cerrado, jamás leído?

A veces lo ignoro, sonrío y respiro,
vivo los días como quien desafía,
pero al cerrar los ojos, yo lo miro:
ese abismo mudo al que nadie guía.

Y, sin embargo, algo en mí lo abraza,
como si el alma, aun temblando, supiera
que, tras la caída, hay otra terraza
donde florece la luz verdadera.

Quizás la muerte no sea castigo,
sino un paso suave que invita a soltar,
y aunque me asuste no estar contigo,
sé que vivir… también es dejar.

33. Entre la vida y el adiós

He caminado pasillos sin tiempo,
donde el aire pesa y el alma escucha,
donde cada puerta es un juramento
y cada mirada... una historia que lucha.

Soy mujer de batas y silencios rotos,
testigo del llanto, de la fe que asoma,
del niño que ríe tras días remotos
y del que se apaga en pozos hondos.

Convivo con la muerte como quien respira,
no la niego, no huyo, no le cierro el paso,
sé que a veces llega sin pedir partida
y otras se queda... rozando el abrazo.

He visto milagros que vencen pronósticos,
el pulso que vuelve, la risa en el pecho,
y he sido testigo de instantes oscuros
donde la esperanza se apaga al intento.

Hay camas que florecen con buenas noticias,
hay otras que tiemblan con último aliento,
y en cada rincón, entre curas y caricias,
la vida y la muerte se roban el tiempo.

He entendido que no somos invencibles,
ni cuerpos de hierro, ni manos divinas;
que sanar es arte, que perder no es fallo;
que a veces el alma, aunque el cuerpo naufraga,
se va en silencio… sin pedir resguardo.

Y aunque el dolor a veces me desgarra
y muchas ausencias se queden conmigo,
cruzo la puerta dejando la carga
y me aferro al alma… de cada abrigo.

Porque en esta vida se aprende el coraje,
a mirar lo duro sin volverse hielo,
a llevar lo malo como equipaje
y abrazar lo bueno… como un sol en el cielo.

Cada vida salvada es un regalo,
una llama viva en medio del duelo,
y aunque a veces pierdan, jamás me desarmo:
soy parte del pulso… que sostiene el vuelo.

34. Entre nosotras

Hay un hilo que no rompe el tiempo,
ni el silencio, ni el grito, ni el viento.
Un lazo antiguo, profundo, incierto,
que ata mi alma al centro de tu pecho.

Fuiste mi luna en las noches más frías,
mi casa, mi miedo, mis alegrías.
Y yo, pequeña tormenta en tu calma,
te amé sin palabras, con toda el alma.

Nos dolimos, sí, como solo lo hacen
dos espejos que se enfrentan y arden.
Quise huir, volar, ser libre de la sombra,
pero al irme… tu amor era mi ancla.

Guardas en tus manos mis secretos,
y yo en mi piel, tus gestos viejos.
Aunque a veces no nos entendimos,
fuimos amor, aunque lo escondimos.

Hoy miro atrás sin rencor, sin prisa,
y en cada lágrima hallo una sonrisa.
Reina, aún en la herida que no se cierra,
te llevo en mi canto… y en mi guerra.

35. Entre sombras y destello

En el rincón donde el alma se desnuda
y la voz calla lo que el mundo grita,
yo guardo luz, aunque la noche acuda,
y aunque haya guerra, mi bondad palpita.

El bien en mí no es un disfraz de prenda
ni un acto frío que simula calma;
es raíz pura que, aunque el viento quiebra,
vuelve a brotar desde lo hondo del alma.

El mal me cerca con sus mil disfraces,
con voces dulces y promesas huecas,
pero no dejo que en mi ser alcance
ni una mentira de sus manos secas.

Yo solo tengo paz en mis manos quietas
y, aunque me hieran, no devuelvo heridas;
prefiero andar la senda verdadera
aunque se ría el mundo en las esquinas.

No soy perfecta, lo sé y no me excuso;
caigo también, mas no me vuelvo ruina;
mi corazón no sabe del abuso,
ni del rencor, ni del poder que empina.

Porque aunque el mundo arda en su condena
y los que odian levanten su estandarte,
yo me declaro libre de su pena,
luchando en luz, aunque me parta en parte.

36. El paso de las hormigas

No se alzan con ruido,
no claman victoria,
pero en su andar constante
tejen su propia historia.
Son pequeñas, lo sabes,
y aun así tan grandes:
cargan más que su peso
con coraje y con arte.

Mientras otros corren
sin mirar el suelo,
ellas siguen su ruta
con firmeza y sin miedo.
No temen la demora,
no anhelan la prisa,
construyen su futuro
como quien lo eterniza.

El sol de cada agosto
es fuego en su jornada,
mas no buscan reposo
hasta ver la alborada.
Y cuando el frío llega
con su manto sereno,
descansan sin angustia
bajo tierra y sin freno.

Así es el verdadero
camino del que alcanza:
con pasos diminutos
y una inmensa esperanza.
No hay triunfo sin esfuerzo,
ni fruto sin siembra,
ni sueños que despierten
si el alma no se entrega.

Seamos como hormigas,
que el mundo subestima,
pero esconden en su pecho
una eterna disciplina.
Que el éxito no grita
ni exige aplausos vanos,
sino que se construye
con fe… y con nuestras manos.

37. Forjadas con otros metales

A veces la serpiente
intenta sembrar discordia,
quiere que las hermanas
repitan su misma historia.

Susurra entre los días
secretos envenenados,
espera que olvidemos
los lazos que nos han salvado.

Pero nosotras no somos
eco de lo ajeno,
fuimos forjadas con otros metales,
más nobles, más verdaderos.

Aunque surjan conflictos,
jamás podrán crear el pleito,
porque cuando el alma llama,
la respuesta es abrazarnos.

No somos perfectas,
ni queremos fingirlo,
pero cuando hay heridas,
sabemos cómo unirnos.

Que hablen los que temen
el amor sin medida,
nosotras seguimos firmes,
hermanas de por vida.

38. Geometría del aire

Eres la línea que traza el viento
cuando calla el mundo y respira,
una forma sin forma, un lento
susurro que el silencio del alma gira.

A tu paso, la luz se inclina
como si el sol dudara en seguir,
y aunque el día contigo se alumbra,
llevo sombras que no sé escribir.

No eres ancla ni cielo,
pero gravitas en mi centro exacto,
como el peso invisible del vuelo
cuando el ave renuncia al pacto.

Te nombro en clave de lluvia,
en el borde tibio del desvelo,
y aun sabiendo lo que arrullas,
siento el agua subir hasta el cielo.

39. Hermana de roble

Tú, hermana de roble,
con raíces que no tiemblan,
que en la tormenta no caes
aunque el viento te reprenda.

Tu voz guarda memorias
de un tiempo sin consuelo,
pero tus pasos firmes
caminan sobre el duelo.

Has sido roca en el barro,
has llorado tras las cortinas
y, aunque el alma duela entera,
te levantas sin pensarlo.

No todos comprenden
la fuerza sin ruido,
el arte de seguir
con el pecho partido.

Pero yo sé quién eres
y lo que no se cuenta,
esa historia sin palabras
que tu esencia representa.

40. Hermano de luz y sombra

Eras luciérnaga en noches ciegas,
luz que guía y nunca cesa,
hermano en alma y en guerra,
compás firme de mi tierra.

Tu voz, río que no cesa,
corriente suave y traviesa,
se apagó en la tormenta,
pero queda la esencia.

La sombra, ladrona callada,
robó vida, dejó nada,
tejió su oscuro manto,
silencio frío y desconsuelo.

Mas en el jardín del alma
brotan rosas tras la calma,
tu recuerdo es semilla,
que florece en mi memoria.

Aunque partiste en silencio,
tu esencia es mi recuerdo,
vuelas libre en mis pensamientos,
hermano eterno y sincero.

41. Hierro y alba

Camina con la noche en los talones
y el pecho abierto como un campo de batalla,
pero lleva en la mirada ciclones
que no imploran clemencia ni se acallan.

Forjó su alma con filo de aliento,
martilló su dolor sobre el silencio
y aprendió que el miedo es un intento
que se disuelve al paso del incendio.

No viste armadura, pero resiste,
como el árbol que a la tormenta dobla;
cada cicatriz en su piel persiste
como mapa sagrado en su sombra.

No ruge, no huye, no espera,
es fuego que en sí misma renace,
una mujer —o un ser— que supera
todo lo que la vida deshace.

42. La dicha sencilla

No necesito grandes gestos
ni promesas que crucen el cielo,
basta una taza caliente en las manos
y un suspiro al compás del silencio.

La brisa que mece los árboles,
el sol que se cuela en la ventana,
el canto sereno de un ave
que anuncia que todo se sana.

Felicidad es un paso sin prisa,
es dormir sin temor ni batalla,
es reír sin pensar en la hora
y sentir que el alma se calla.

La vida tranquila me abraza,
me enseña a mirar con ternura,
porque en lo simple, sin ruido ni aplausos,
se encuentra la mayor hermosura.

43. La herencia de su paso

Hubo una madre que fue maravilla,
sin capa ni trono, tan solo su silla;
cuatro hijas crio con manos de fuego,
labrando el amor con todo su ruego.

Sus días eran puentes de esfuerzo callado,
trabajo y ternura, su sello entregado.
De pie en la tormenta, firme como roca,
nunca una queja le quebró la boca.

Sin horas de tregua, sin pausa ni excusa,
sus brazos tejían la vida confusa.
Dormía en fragmentos, soñaba despierta,
velaba a sus hijas con el alma abierta.

El tiempo pasó, y cambió lo sembrado,
aquellas niñas ya han caminado.
Ahora mujeres, a veces erradas,
pero con su esencia, aún bien arraigadas.

Comprenden que el hombre más pleno se siente
cuando lo que logra lo gana valiente.
Que, si todo es fácil, se pierde sentido,
que el fruto más dulce nace del herido.

Nos enseñó que la vida es camino,
que no hay más verdad que el paso divino.
Y al final del viaje, nada se retiene,
más que el alma en paz con lo que sostiene.

Hoy vemos que el gozo se encuentra en la mezcla,
del sol y la lluvia, la calma y la gresca.
La vida movida, con pausas de abrigo,
el calor del hogar, los sueños contigo.

Gracias, mamá, por tu lucha infinita,
por dar cada día tu risa bendita.
Tu ejemplo nos guía, tu voz nos habita
y, en cada caída, tu fuerza nos grita.

44. La niña del río

Me vestí de monte y de escopeta,
como si el viento no supiera que era niña,
y yo, tan pequeña, tan de flores y silencios,
intenté ser el niño que añorabas.

Me adentré en el monte con las botas grandes,
con el alma temblando entre los matorrales,
y cuando la liebre asomó su inocencia,
quise esconderme dentro de sus ojos.

Pero no te lo dije, papá,
porque tu orgullo era un puente que yo cruzaba
con pasos prestados y sueños ajenos,
solo para quedarme en tu abrazo de bronce.

En cambio, cuando el río abría su boca clara,
tus manos y las mías eran redes suaves,
y la pesca para mí era un juego,
una charla de anzuelos y risas mojadas.

Ahí sí era yo.
Con los pies colgando del muelle,
las trenzas goteando historias
y tu voz contándome que el tiempo
es un pez que se escapa si no lo cuidamos.

Hoy extraño esa niña que fui,
no por valiente,
sino por cómo te miraba
cuando me enseñabas a esperar en silencio,
cuando éramos dos contra el mundo,
cuando el río nos susurraba
que algunos amores no necesitan palabras.

45. La palabra que nace del alma

Hay palabras que brotan como agua bendita,
que, en vez de herir, curan y dan nueva vida;
son puentes de luz entre almas heridas,
verdades que abrazan, que salvan, que guían.

Cuando nace sincera, del pecho sin miedo,
la palabra sana, no lanza ni enreda.
No lleva disfraces ni esconde secuelas,
es voz que consuela, es mano que ofrenda.

Una frase de amor, con valores por cuna,
es más poderosa que toda fortuna.
No nace del ego ni busca el aplauso,
su templo es el alma, su espada el abrazo.

No hieras con lengua lo que el alma implora,
pues hay palabras que duelen más que la hora
en que el filo del odio se clava en el pecho
dejando un silencio oscuro y deshecho.

Habla con verdad, con la voz que no calla
cuando el bien se asoma y el juicio se halla.
Sé quien ofrece sin rencor ni trinchera,
que la bondad florece en la lengua sincera.

Porque no hay joya más alta y sagrada
que la palabra simple, honesta y sembrada
con manos de nobleza, con tierra de valores,
que alivia tormentas y enjuga dolores.

46. La rosa que no muere

No es solo un pétalo suave en la brisa
ni un rojo encendido que adorna la risa;
una rosa eterna es mucho más que vida;
es memoria viva…, herida y guarida.

Su aroma no huye, su tiempo no pasa
aunque el tallo tiemble, aunque el viento sople;
lleva en su centro lo que no destruye:
la esencia invicta de todo lo fuerte.

Es símbolo puro de amor y coraje,
de lo que florece aun en la tormenta,
de lo que perfuma sin perder su aroma
y entrega su alma… aunque el mundo calle.

Cada espina habla de luchas calladas,
de lo que se gana sin levantar voz,
de esas batallas no contabilizadas
que vencen en silencio sin miedo al dolor.

Una rosa eterna no teme al invierno
ni al paso del tiempo que quiere borrar;
su belleza vive, late en lo interno,
como todo lo que ha venido a amar.

No es solo flor; es símbolo y camino,
es lágrima, fuego, es luz en umbral,
y por fuera se muestra perfecta y erguida,
y por dentro guarda su lucha inmortal.

47. La vida es movimiento

No se alzan los sueños en la sombra inerte
ni se forjan hazañas con pasos cansados,
la cima responde a quien nunca se ausente
cuando el mundo duerme y otros se han rendido.

No es magia el triunfo ni azar el destino,
es la gota tenaz horadando la piedra,
es cruzar los inviernos sin dejar el camino
aunque el alma vacile, aunque el cuerpo se quiebre.

Las excusas susurran dulces traiciones;
se visten de miedo, de tregua y de duda,
mas quien quiere llegar no escucha razones
y avanza, aunque tiemble, sin pausa, sin muda.

La pereza se esconde tras gestos vacíos,
tras «mañana empiezo» y promesas al viento,
pero el logro respira en los pasos bravíos
que se dan sin testigos, con fuego por dentro.

No hay premio sin lucha, ni fruto sin siembra,
ni alas que nazcan de una espera quieta.
La victoria le canta a quien no se detenga
y transforme su intento en su más fiel receta.

48. La gran mentira

Nos vistieron el mundo de causa divina,
como si el dolor fuera ley del planeta,
como si el hambre, que arrastra la espina,
fuera sacrificio… y no gran receta.

Nos sirvieron el pan con esquinas torcidas
mientras el centro, dorado y sin grietas,
lo reservaban a bocas bendecidas
por la geometría… de mentes secretas.

Dibujaron mapas con reglas de plomo,
donde el sur sangraba y el norte reinaba,
y nos dijeron que así era el modo,
que el orden del mundo… no se cuestionaba.

Nos dieron números como evangelios,
restas que suenan a ciencia impoluta,
pero eran mentiras con traje de genios
para que la injusticia… no les resulte bruta.

Nos susurraron que el sueño era un lujo,
que no todos pueden tener primavera
y que el equilibrio requiere algún brujo
que se lleve el trigo… y nos deje la espera.

Parten la tierra con cuchillos lentos,
reparten el cielo por decreto oscuro,
y si alguien pregunta por los desalientos,
le dan un silencio… y un muro seguro.

Hay templos de oro que cantan pobreza,
altares brillantes donde el hambre reza,
y se teme al pan cuando es compartido,
no por su precio, sino por su ruido.

Dar techo y comida no rompe la rueda,
ni hunde mercados, ni gasta la seda,
pero el hambre conviene al trono escondido…
porque es más dócil un pueblo vencido.

49. Lengua de sombra

Se arrastra en sigilo, no muestra el colmillo,
pero en su mirada ya vibra el veneno.
La serpiente humana no pide pasillo,
se cuela despacio… fingiendo ser buena.

No alza la voz ni exhibe su dardo,
prefiere el susurro que infecta despacio,
te abraza sin prisa, te mide el costado
y, cuando confías, te muerde en pedazos.

Habla despacio, como quien reza;
construye en la tierra su propia cueva,
y deja su huella donde sea invisible:
en lo que no sangra, pero siempre pesa.

Camina erguida entre los demás,
disfrazada en gestos, envuelta en modales,
pero lleva en la lengua falsos puñales,
y en cada sonrisa, un juicio detrás.

No es el rugido lo que más destruye,
sino el veneno que viaja en lo lento;
por eso a veces el mal no concluye
con gritos, sino con un falso aliento.

Pero quien ve con el alma despierta
sabe que el brillo no siempre es verdad,
y aunque la serpiente se muestre perfecta,
no puede ocultar… su oscura maldad.

50. Letanía de los invisibles

Transita el alma, exhausta y desgarrada,
por sendas de ambición institucional,
donde la vida es cifra negociada
y el odio es ley en juicio final.

El muro del poder, indiferente,
resguarda en su altivez la hipocresía,
mientras que el débil gime, penitente,
bajo un cielo sin fe, sin pan, sin guía.

Los tronos se edifican con la muerte,
con lágrimas secadas por desprecio,
y al pobre se le niega hasta la suerte
de un suspiro sin precio, sin aliento.

La compasión, vestigio del pasado,
vaga entre ruinas, sola y postergada,
mientras que el oro, altivo y blindado,
devora al hombre, y al alma la degrada.

¿Quién oye al corazón que no encadena
su canto al vil mercado del aplauso?
¿Quién cura con su luz la sangre ajena
sin reclamar laureles ni descanso?

Mas, aunque el mundo ostente su coraza,
su lógica de muerte y jerarquía,
el alma erige, audaz, su tenue casa
en los cimientos arraigados de empatía.

Y así resiste, errante, pero viva,
entre guerras, silencios y baldíos,
con la esperanza intacta, fugitiva,
desafiando el quebranto… y sus vacíos.

51. Llegarás a la cima

Hijo mío, escucha lo que en silencio aprendí:
no hay cima más alta que el derecho a ser feliz.
Ni trofeos ni nombramientos ni pasos impuestos
valen más que un alma siguiendo sus sueños.

Te marcarán rutas ajenas, senderos ya hechos;
te hablarán del éxito con ojos cerrados.
Pero yo, que te quiero con amor verdadero,
te diré que el logro es vivir siendo honesto.

No sigas caminos que no te emocionan
ni cargues deseos que son de lo ajeno.
Haz caso al latido que empuja por dentro,
aunque no encaje, aunque rompa el silencio.

Serás libre si no desdoblan tu alma,
si no cambias tu esencia por trajes vecinos.
La felicidad no vive en la cima de otros,
sino en tus adentros, donde habita la calma.

Y si un día dudas, recuerda esta guía:
que ser tú mismo es la mayor valentía.
Que ser feliz no es suerte ni meta planeada,
es ser fiel a tu alma… y no a la mirada.

52. Lo que de verdad importa

No es el brillo, ni el ruido del logro,
ni el tiempo contado en cifras exactas;
la vida es un canto sin metro ni cobro,
y su tesoro… está en lo que no pactas.

Está en la risa que estalla sin freno,
en los amigos que no se desgastan,
en esa charla sin rumbo ni estreno
que cura más que palabras compradas.

Está en la mesa que siempre te espera,
en el abrazo que llega sin cita,
en esa familia que, aunque se altera,
te da raíces cuando el alma grita.

Está en los días que no se registran,
pero dejan huella como un tatuaje;
en esos momentos que nunca se inscriben
y, sin embargo, salvan el viaje.

Los verdaderos valores no brillan,
no hacen alarde ni buscan vitrina;
son los que en silencio te dan la silla
cuando el mundo aturde, cuando hay malicia.

No es lo que tienes, es con quién compartes;
no es lo que logras, es cómo lo haces;
vivir no es correr ni llegar antes;
es reír, amar… y soltar aquelarres.

53. Arrugas en el alma

He visto ojos que ya no esperan,
manos temblorosas buscando un abrazo,
rostros que el mundo dejó en la trastienda
como si el alma tuviera un plazo.

Trabajé entre muros, donde el silencio
grita más fuerte que cualquier voz,
donde el olvido es un hábito lento
y la soledad reza sin dios.

Mujeres y hombres que fueron camino,
que alzaron familias, que dieron calor,
ahora en un cuarto que huele al olvido
esperan la visita… que nunca llegó.

Vi cartas sin abrir, fechas marcadas,
fotos gastadas por tanto mirar,
nombres que tiemblan en bocas cerradas
y abrazos que el tiempo no quiere soltar.

Algunos aún ríen con dulce esperanza,
otros acallan lo que el alma amenaza,
pero todos guardan, como una balanza,
el paso del tiempo, que a todos abraza.

No son despojos de un tiempo vencido,
son bibliotecas con llaves gastadas,
y quien los olvida vive perdido
entre vanidades… y almas calladas.

Yo lo aprendí entre pasillos gastados,
cuidando arrugas con manos pequeñas:
la vejez no duele por lo que ha pasado,
duele más fuerte… por quien te desdeña.

54. Lo que esconde el silencio

En el rincón donde el ruido no llega,
habita un refugio de sombras y calma,
allí donde el alma su peso despliega
y el verbo no hiere ni encierra ni alarma.

Silencio, susurro del tiempo dormido,
puente invisible hacia el fondo del ser,
es guía sin forma, consuelo escondido,
el grito más puro que no hay que entender.

No busca respuestas, no exige razones
ni cubre la herida con frases vacías;
él cura despacio, sin condiciones,
como una caricia de antiguas poesías.

A veces incomoda, desnuda verdades,
nos enfrenta al miedo de estar con nosotros,
pero también siembra profundas bondades
y revela el rostro de todos los otros.

Hay fuerza en callarse cuando todo estalla,
sabiduría en no querer explicar,
pues donde la lengua por fin se acalla,
la esencia del alma comienza a hablar

55. Luz que no se apaga

Hay días en que el alma se repliega,
como flor herida por la madrugada,
y todo dentro duele, todo niega,
como si la vida ya no diera nada.

Pero en el fondo, donde habita el silencio,
donde ni el miedo logra hacer estruendo,
una chispa pequeña, sin permiso ni precio,
se enciende leve… y sigue ardiendo.

No lleva nombre, no exige razones,
no brilla fuerte ni alumbra la escena,
pero sostiene, bajo mil tensiones,
la fe callada que el alma enajena.

Es la esperanza, en forma de semilla,
oculta bajo capas de cansancio y duelo,
que aunque la arrastren, aunque se arrodilla,
guarda un pedazo intacto de cielo.

No importa cuándo caiga la tormenta
ni cuán helado el mundo se presente;
si hay una luz que arde y se alimenta,
no todo está perdido, todavía hay puerta.

56. Más allá del silencio

No termina todo con un suspiro
ni se apaga el alma al cerrar los ojos.
Hay un rincón detrás del tiempo
donde el amor sigue siendo nosotros.

No hay final cuando hubo sentido
ni sombra en aquel que camina en la luz.
La muerte es solo una frontera
que el corazón cruza con gratitud.

Hay voces que aún nos acarician,
miradas que sentimos sin ver
y una paz que no se explica,
pero nos envuelve como la fe.

Yo creo en ese instante invisible
donde el alma se vuelve vuelo.
Porque la vida no se extingue,
solo cambia de cielo.

57. Mi ángel

Un ángel encantado
ha venido a visitarme.
Con su halo de magia
ha venido a enamorarme.

Escondido en mi vientre,
esculpiendo mi alma,
con los brazos abiertos
y cantando una nana.

Eres mi sonrisa,
mi guía y mi alma.
Eres el motor de mis días
que alimenta mis ganas.

Eres mi mundo,
mi alegría y mi nostalgia.
Eres la razón de mi vida,
de mis sueños, de mi calma.

Eres risa, eres llanto,
eres ansia.
Eres la única esencia
capaz de robar mi alma.

58. Mundo buitre

Hay cuerpos que duermen sobre el desconsuelo,
con hambre en los huesos, sin techo ni cielo.
Y hay otros que viven de exceso y desprecio,
mordiendo banquetes sin culpa ni aprecio.

Nos dicen que siempre ha sido así el juego,
que el pobre está abajo y el rico en su ego.
Nos venden la idea —vil, calculada—
de que la miseria es parte de nada.

Pero no es azar ni castigo divino,
es un plan trazado con pulso asesino.
Un puñado de manos al mando del mundo
mueven nuestras vidas como un juego inmundo.

Han hecho del odio su mejor bandera,
sembrando entre hermanos la misma trinchera.
Y así, mientras luchas con quien es igual,
sus cuentas engordan en su pedestal.

Nos quitan la luz del pensamiento vivo,
nos llenan de miedos, nos tornan cautivos.
La mente dormida ya no cuestiona,
acepta la jaula y también la corona.

Divide —dicen— y reinarás,
haz que se enfrenten y vencerás.
Y mientras el pueblo se rompe en pedazos,
el poder se sienta a contar sus abrazos.

Los niños que lloran no tienen bandera,
ni culpa del mapa, ni de la frontera.
Pero en sus pupilas ya nace el desprecio
si alguien les cuenta un mundo más necio.

¡Despierta, conciencia! ¡Rompe la venda!
Que la indiferencia no sea tu prenda.
Que el verdadero enemigo no es el de al lado,
es quien desde arriba te quiere enfrentado.

59. Nada me fue regalado

No nací entre joyas ni cuna dorada,
mi historia se escribe con manos abiertas,
con pasos cansados, con piel desgarrada
y con una fuerza que nunca está muerta.

Nada me fue dado por simple capricho
ni abrí mis caminos con llaves ajenas,
cada conquista fue fuego y sacrificio,
y cada caída… le dio más cadena.

Mientras aplauden vidas de espuma,
que flotan sin peso, ni fondo ni alma,
yo me levanto con la luz que rezuma
de quien no depende, de quien nunca calla.

Se ovaciona el brillo que pronto se apaga,
las coronas huecas, los logros vacíos,
y se olvida el alma que en sombra se embriaga
por haber vencido… sin atajos fríos.

Porque hay algo sagrado en el paso ganado,
en saber que llegaste sin pedir permiso,
que no fue suerte ni favor heredado,
fue la voz interna… la que abrió el piso.

Soy la que avanza aunque tiemble la tierra,
la que, si le quitan los pies, echa las alas,
porque «no se puede» en mí no se encierra,
y hasta en el abismo… sostengo mi calma.

60. No devuelvo el daño

No devuelvo el daño
aunque lo merezcan,
porque aprendí que el alma
no se mancha por respuesta.

Si me lanzan piedras,
las utilizo de escalón;
prefiero el silencio
a gritar sin razón.

He probado el veneno
de palabras sin fe
y, aun así, no maldigo
ni deseo el revés.

Lo que no me destruye
me da otra verdad,
que quien hiere por dentro
no sabe de amar.

Así sigo en mi centro,
sin odio ni espinas,
que hay más luz en soltar
que en tomar la venganza.

61. No hay grises

No me hables de tonos intermedios,
de medias verdades, de cuartos latidos;
la vida se siente en pasos enteros,
no en sombras tibias ni miedos vestidos.

O eres la llama que alumbra caminos,
o eres la sombra que apaga el intento;
no hay luz que nazca en falsos destinos
ni oscuridad que se oculte debajo del velo.

Los grises, esos, no son equilibrio;
son la coartada de quien no se atreve,
de quien finge paz, pero guarda el delirio
de un alma temblando… que nunca se mueve.

Los grises los usan los que no deciden,
los que se esconden tras frases vacías,
los que callaron cuando otros se hunden
y luego susurran… verdades tardías.

Prefiero el fuego que abrasa de frente
a esa tibieza que no dice nada;
yo soy o tormenta o sol inclemente,
pero nunca alma… a medias callada.

Porque vivir es arder con sentido,
es tomar postura, es ser claridad;
no hay dignidad en lo no definido:
o eres sombra… o eres verdad.

62. No me haré sombra

Pudiste herirme,
sí, como quien lanza piedras
al lago sereno de otro pecho,
rompiendo reflejos que no eran tuyos.

Me dejaste grietas,
como ramas abiertas por un rayo
que jamás pidió permiso para caer.
Y, sin embargo,
no crecieron ortigas en mi herida.

No tengo rencor,
porque el rencor es un animal que enjaula su propio canto,
y yo…
yo fui hecha para volar con las alas limpias
de todo lo que no quiero llevar.

Tu malicia fue una tormenta breve,
pero mi esencia es raíz
que no se dobla ante el relámpago.

No me vestiré con tu sombra,
no tomaré prestadas tus espinas.
Prefiero seguir siendo agua clara
aunque me cruce con barro.

Elijo ser campo después del incendio,
calor que no olvida el viento,
pan que no reniega del horno.

Porque el alma, cuando es firme,
no se deshace por la dureza del mundo.
Y la mía sigue en pie,
más sabia, más serena.

Observando en silencio,
el grito del ego en los desaprendidos,
reflejando la mente de un pueblo dormido.

Perfectos soldados del ejército en calma,
que explota en furia si su ego amenazas,
no entienden razones, alimentan la rabia;
si les quitas razones, se enfurecen, se acobardan.

63. Ojos que ven la luna

No todos miran, algunos atraviesan,
leen entre gestos lo que no se cuenta,
descifran el miedo que otros disfrazan
y oyen el silencio... cuando todo estalla.

Hay quienes visten acero brillante
y se cubren de risas como de escudos,
pero basta un alma que mire constante
para ver la tristeza... en sus gestos mudos.

No me conmueve la voz impostada
ni el brillo ajeno que el ego recita;
yo busco verdades mal encajadas,
esas que tiemblan, pero no se quitan.

Tengo la virtud —o quizás condena—
de ver lo invisible bajo las palabras,
de mirar profundo, donde nadie ordena,
donde el alma habla... aunque todo se calla.

Y es que hay armaduras hechas de orgullo,
otras de logros, otras de heridas,
pero ninguna esconde lo más suyo:
el alma espera... romper el embrujo.

No todos lo entienden, no todos resisten
ser vistos sin filtros, sin máscaras puestas,
pero hay quienes agradecen que existan,
ojos que abracen... lo que otros detestan.

64. Pequeña señora

Corazón de hielo,
aptitud de arrogancia,
con la frente en alto y serena,
con el alma cubierta de escarcha,

con una mirada soberbia,
con sueños vestidos de luto.
Tu vida está enmudecida,
¡qué pena tan triste y vacía!

Confundes humildad con pobreza,
confundes bondad con torpeza.
Por mucho que vistas de fiesta,
tu alma vacía refleja

aquella pobreza del alma,
aquellas carencias de afecto,
aquello que crees perfecto,
que solo engaña a tus sueños.

Señora de luto y florero,
que solo alimenta su ego,
¡qué pena sentirse vacía!,
¡qué pena sentirse con miedo!

Que era tan pobre, señora,
que solo tenía dinero.

65. Personalidad

No vine a gustarle al mundo
ni a pulir mis bordes para su mirada;
vine a ser raíz, tierra y fondo,
aunque a veces no encaje en su fachada.

Hay quien vive midiendo sus gestos,
como si el alma tuviera medidas,
pero yo prefiero mis restos honestos
a máscaras limpias… y vidas fingidas.

No soy molde ni estatua esculpida,
soy viento que gira cuando todos miran,
y aunque intenten constantemente apretar el botón,
no cambio mi esencia por su aprobación.

No me pesan las voces del engaño
ni ser el susurro donde esperan gritos,
prefiero los pasos que son bien míos
a caminar donde todos repiten lo mismo.

A veces murmuran que voy contra el viento,
que no obedezco la forma esperada,
pero en mi caos hay un fundamento:
soy fiel a mi alma, no a su mirada.

Hoy celebro mi forma imperfecta,
mi locura, mi fuego, mi andar sin temor,
porque ser uno mismo, aunque cueste puertas,
es la única llave que abre el amor.

66. ¿Qué es el amor?

Un lienzo abstracto,
de colores variados;
una duda incierta que quiebra la voz.

La gran pregunta del hombre:
¿amo y luego pienso
o pienso y luego amo?

Aquellas sensaciones
que provocan temor
y aquellas decepciones
que el alma no guardó.

Y quien crea que el amor
no se enfrenta al dolor,
no comprende la vida,
no comprende su canción.

Porque amar es sembrar,
recoger la cosecha y esperar,
transformando el pan en vino,
convirtiendo el vino en pan.

Es el árbol que resiste en la tormenta,
es agua dulce de río,
es agua salada de mar,
es una fuerza que sostiene
aquello que no se puede explicar.

67. Quisiera volver a ser niña

Quisiera volver a correr por tus huellas,
a esconderme en tus brazos como un rincón seguro,
donde el tiempo no tenga garras ni querellas
y tu amor no conozca ese muro tan duro.

Me dices que extrañas la risa pequeña,
la voz de campana, los juegos sin fin,
pero ya no miras a quien hoy te sueña
con los mismos ojos que un día te di.

Crecí, es verdad, como crecen los ríos,
buscando el mar sin olvidar la fuente,
pero no por alta dejé de ser tu abrigo,
ni por tener alas dejé de ser valiente.

¿Dónde estás, héroe, que te has vuelto sombra?
¿Dónde está tu risa, que tanto cuidé?
A veces me hablas, pero el alma asombra
al sentir que ya no soy quien era ayer.

No quiero alagaos, ni días perfectos,
ni fotos guardadas en cajones viejos;
solo quiero un gesto, un puente discreto,
que llene el vacío del paso del tiempo.

Si pudiera, haría un trato al destino:
que me devuelva un trozo de tu pasado escondido,
donde eras mi luna, mi mundo divino,
y yo era tu risa, tu mundo, tu abrigo.

Pero soy esta, con miedos y espinas,
la que aún te espera sin medir distancias,
y aunque ya no soy la niña que añora tu alma,
sigo siendo semilla de tus madrugadas.

68. Raíces del destino

Jugábamos bajo los cielos abiertos,
con manos de barro, de sol y de fe,
mi alma en tus ojos, los sueños despiertos
y un hilo invisible que unía el porqué.

Crecimos despacio, sin prisa en los pasos,
como crece el río buscando su voz.
Tus risas tejían los mismos lazos
que el tiempo bordaba con hilo veloz.

Pasaron inviernos, cayeron veranos,
pero en cada sombra te vi florecer,
como si el amor, con sus dulces manos,
guardara en la infancia su eterno querer.

Hoy somos dos robles que el viento respeta,
dos llamas que nunca se quisieron apagar,
y sé que el amor, si nace en la meta,
se queda en el alma, respeta el lugar.

69. Entre amor y pasión

Fuiste la llama que arrasa el silencio;
la piel que despierta sin rumbo ni ley;
un acto que arde sin tacto, sin juicio;
huracán de besos que arrastra el porqué.

Y yo te seguía, de espaldas al alma,
sedienta de fuego, sin cielo en la piel,
sin ver que la pasión no sabe de calma
y quema lo mismo que embriaga con miel.

Pero en el abismo surgió una caricia,
más leve, más lenta, más viva, quizás.
Era el amor que, sin prisa y en calma,
le jugaba un pulso a la seducción.

Hoy sé que el amor no exige tormenta,
no pide cadenas ni exige razón.
La pasión es brasa, se va, se revienta…
El amor es llama que enciende el perdón.

70. Recuerdo de otro cielo

Hay memorias que no nacen en la infancia
ni en paisajes que los ojos hayan visto.
Son recuerdos suaves, casi sueños,
que susurran desde un lugar distinto.

A veces, al mirar las estrellas,
no me siento ajena a su brillo.
Hay constelaciones que me hablan
como si alguna vez fueran camino.

Mi piel reconoce vientos que no soplan;
mis pasos, caminos que aquí no existen.
Y en el silencio profundo de la noche,
algo dentro de mí… insiste.

Tal vez no nací solo de esta tierra,
tal vez mis raíces son más vastas que el suelo.
Hay huellas en mí que no comprendo,
pero resuenan… como un antiguo anhelo.

71. Refugio verde

Cuando el mundo grita con voz de cemento
y los relojes muerden con prisa y desvelo,
yo busco el borde de algún pensamiento
que me devuelva raíces y cielo.

Allí donde el viento no tiene cadenas
y el árbol susurra verdades dormidas,
encuentro alivio, entre hojas y arena,
al peso oculto de tantas heridas.

La montaña me habla con voz milenaria,
el mar acaricia sin pedir razones
y cada flor, en su danza callada,
cura silencios y viejas prisiones.

No hay juicio en la cumbre, ni en la quebrada,
ni en la semilla que rompe el abismo;
la naturaleza me abraza callada
como el águila que cubre su nido.

Bajo la sombra del pino más viejo,
descanso el alma que el mundo desgasta,
y en cada brisa que roza mi espejo,
siento que hay algo más fuerte que enlaza.

No es huida, no, es volver a lo cierto,
al susurro antiguo que habita en lo inmenso,
donde el alma, al fin, se siente en su puerto
y todo lo falso se vuelve silencio.

72. Rompiendo el silencio

Desnuda mi alma al alba, descalzos mis pies al viento,
rompiendo el llanto y, a la vez, el silencio,
porque tu alma es la cadena de mi calma
y tus sueños son las alas de mi esperanza.

Porque cada día me ahogo y revivo
en lo más profundo de mi alma,
porque sé que estás vivo,
porque sé que aún me amas.

Porque el grito ha matado al silencio
y el silencio ha callado a la rabia,
porque sé que aún estás vivo,
porque sé que el miedo te atrapa.

Y enredado en duda y locura,
lanzas tus dudas al aire,
porque el miedo ya no duerme tranquilo,
porque el miedo ya no sabe de calma.

Pregunté gritando al olvido:
«Pero ¿qué será lo que callas?
Tanto silencio perdido,
tanto dolor en tu alma.

»Pero ¿qué será lo que ha venido?
¿Qué será lo que habla?
¿Un dolor traicionero
o un pasado sin alma?».

73. Si pudiera volver

Si pudiera volver a aquel viejo portón,
donde el patio era un mundo sin explicación,
donde un árbol hablaba si yo lo tocaba
y en ramas jugaba mi imaginación.

Las piedras eran barcos, la tierra un planeta,
mi mente tejía cuentos sin receta.
Jugando solita, sin más compañía
que el sol y la brisa que al alma vestía.

Las risas de hermanas eran melodía,
hacían del día eterna alegría.
Y el cielo sabía que había en mi pecho
un fuego inocente, tierno y deshecho.

La pesca con él, mi tesoro escondido,
mi padre y el río, el sueño compartido.
Bajo luna dorada, en noches calladas,
mirábamos juntos las aguas plateadas.

Me enseñó que esperar no es perder el tiempo,
que el río recompensa a quien siembra el intento.
Que el premio más grande no es el inmediato,
sino aquel que se alcanza por ser tenaz rato.

«Insiste —decía—, no temas al fallo,
que aquello que cuesta da más resultados.
La meta más dura, si luchas sin tregua,
será la que más al corazón alegra».

Te quiero, papá, con palabras sencillas,
como esas que usabas junto a la orilla.
Quisiera en un sueño volver a ese día
donde el mundo era sabio, sin filosofía.

Me enseñaste que el gozo no está en la riqueza,
sino en superarse, vencer la tristeza.
Que la vida es simple si el alma lo acepta
y el amor verdadero, en lo humilde se encuentra.

74. Silencio que revela

A veces el alma susurra en silencio,
cuando el ruido del mundo no toca su aliento.
Es ahí donde nace la voz más sincera,
la que no se vende ni pide bandera.

Callar no es huir; es saber escucharse,
volver a la esencia, volver a abrazarse.
Ser fiel al latido que brota en el pecho,
sin miedo al espejo, sin doble despecho.

No hay que disfrazarse de actores complejos
ni armar una escena para agradar al mundo.
Quien ama de veras te ve sin careta,
te acepta sin moldes, te quiere completa.

Jamás desdoblarse por ser aceptado,
el alma no miente, no quiere el engaño.
Ser uno mismo, es la mayor victoria,
aunque duela el precio, aunque sangre la historia.

El mundo está lleno de trajes vacíos,
de rostros que ríen, pero están tan fríos.
Persiguen lo externo, se olvidan del centro,
y nada les llena su alma por dentro.

Unos con viento hacen fiesta y sosiego,
otros ni en oro hallan verdadero apego.
Porque quien no encuentra la luz en su entraña
la busca en adornos que al alma no engañan.

La dicha no habita donde todo brilla
ni en la voz del humo que finge y titila.
La dicha es camino que brota del pecho,
no tiene disfraces, no duerme en un lecho.

Así en el silencio me vuelvo a encontrar,
no espero del mundo lo que sé crear.
Mi paz no depende de ajenos favores,
mi rumbo es el eco de mis propios valores.

75. Sin miedo

No le temo al rugido del viento,
ni al filo incierto del porvenir;
camino erguida, sin argumento,
porque vivir... es decidir.

No le temo al juicio en la plaza,
ni a la sombra que inventa el error;
he sido llama, ceniza y brasa,
y aún con las grietas soy mi valor.

No me asusta el adiós de la suerte
ni el paso abrupto que cae al andar;
si el alma late, aunque roce la muerte,
el miedo es niebla que puedo soplar.

Las alas no son para el consentido,
se posan en hombros que han batallado,
abriendo caminos que estaban cerrados,
quitando cadenas, volteando el pasado.

Porque el que vive sin miedo al abismo
no es el que nunca supo temblar,
es quien al borde del sí mismo
eligió saltar... y no mirar.

76. Sobre todo

Te amo en la raíz que no ve la flor,
en la chispa que canta bajo la nieve,
donde el cielo no pide color
y el amor persiste bajo lo que el tiempo hiere.

Te amo en la danza del humo sin fin,
en el hilo invisible que se alza al viento,
como el mar se entrega en lo profundo
rozando las rocas que rompen silencios.

No hay ley que lo rija ni mapa trazado,
mi amor es un faro que alumbra sin puerto,
una grieta de luz en lo quebrado,
una llama que arde en el desierto.

Y aun si el mundo se repliega y calla,
si la forma del todo se desordena,
mi amor —sin contrato ni muralla—
será raíz en tu tierra, siempre plena.

77. Un alma sobreviviente

Dejé mi árbol con la raíz temblando,
con una semilla en mano y un bolso colgando.
Abracé a los cielos, me aferré al destino,
susurré a los vientos, saludé a los ríos.

No fue sencillo adaptarme al camino,
con palabras nuevas y un destino distinto.
Pero entre la nostalgia y el frío del cambio,
forjé mi fuerza, sembré otros abrazos.

Ahora esta tierra también es mi casa,
con acento mezclado, aquí está la gracia.
Sigo siendo de allá y de aquí,
mitad cicatriz, mitad porvenir.

No me quejo del pasado dolido,
porque hoy florezco con lo aprendido.
Ciudadana del viento, del alma errante,
solo sigo un camino, el que va hacia delante.

78. Despierta

Allí estás detenido,
detrás del camino olvidado;
allí estás en silencio,
caminando lento y pausado.

Intentas vencer al viento
con una sonrisa en los labios;
la tormenta se acerca con furia,
pero tú te quedas mirando.

Cierras los ojos con fuerza,
esperando escuchar un relámpago,
sintiendo la lluvia por dentro,
sintiendo el temor del pasado.

Miras de frente al presente,
te quedas inmóvil pensando,
escondido detrás de la sombra,
esperando que surja el milagro.

79. Sin esperanza

La tormenta se aproxima,
las gotas de lluvia oscurecen el camino
y, detrás de los ruidos de metrallas,
madres y niños permanecen escondidos.

La gente corre,
los pájaros buscan sus nidos.
Caen bolas de fuego del cielo,
cae la tierra en olvido.

El miedo se apodera de los cuerpos,
la fe va en descenso en sus almas.
Mirando hacia atrás lo perdido,
pensando en que nunca se acaba.

La esperanza,
encogida en el alma.
El último suspiro de un niño,
envuelto en cenizas y llamas,
envuelto en un mundo perdido.

80. Resistencia

Una sonrisa dibuja tu rostro,
un escudo cubriendo tu alma,
una palabra en incongruencia
con tus pensamientos
y una ilusión construida,
silenciando el deseo que te abraza.

Intentas nadar a contracorriente.
Tus brazos cansados
no son suficientes.
Un ruido estridente interrumpe la noche
y la verdad, de repente, se hace presente.

Estás triste, estás frágil, como ausente.
Te levantas, te corazas, te haces fuerte.
Cuando los brazos del alma se extienden,
cuando tu ángel se hace presente.

81. Veinticinco alianzas

Cuando éramos unos niños,
nuestras almas se encontraron,
con brisa de primavera en tu pelo,
con ansia de amor entre mis manos.

Obstáculos interminables lanzados al aire,
barreras de hierro, obstaculizando el viaje.
Granizos del cielo, cargados como equipaje,
y un puñado de sueños, tatuados como homenaje.

Desdicha pasajera, corriendo va,
despertando el caos, intentando alejar.
Relámpagos y truenos que aguantaron nuestros brazos,
nuestros ojos de testigos, intentando aguantar el paso.

Pero aquí seguimos unidos, aquí con los codos anclados,
en el mismo tren de la vida, en el mismo tren del pasado.
Ganando la batalla al viento, con tanto que hemos amado.

Fuiste risa, fuiste vida, fuiste llanto
y en los momentos más oscuros, aun presente, cansado,
seguías marcando el camino, seguías cuidando mis pasos.

Mi ángel divino, encantado, a veces tan frágil,
a veces callado, que cubre mi alma de estrellas,
aun con los días nublados.

Me diste amor con pureza, un alma completa y sincera,
y en cada noche difícil, seguías allí a mi vera.

82. Verso que habita en mí

Eres la tinta que nunca se agota,
la voz que resuena detrás del cristal,
un río escondido que canta y que brota
cuando el silencio se vuelve mortal.

Eres el árbol que en mi alma florece,
con ramas de fuego, raíces de sol;
la luna que alienta mi noche y me mece;
la cuna del cielo que canta al amor.

No eres palabra ni sombra borrada;
eres el verso que sabe vivir,
la flor que despierta al ser sembrada,
mi propia canción, mi propio existir.

Eres el tiempo que no se detiene,
el sonido que vibra tras cada final;
es la poesía que llevo en la sangre
genética viva que viene de atrás.

83. Te alcanzará la fiera

En torres altas, vientos sin ruido,
las noches revueltas, los niños con frío.
Mirando hacia abajo, como un desafío,
los cuervos no cantan, destrozan los nidos.

Calles solas, voces muertas,
manos vacías, almas abiertas,
esperanzas rotas, mentes despiertas
silencian al hombre, le cierran la puerta.

Sus ojos ven solo su reflejo,
olvidan al hermano y también al hambriento,
que pide un poco de calor en su refugio
y lo abrasan en infiernos sin escrúpulos.

El poder viste de indiferencia,
la justicia pierde presencia,
y en ese frío desdén sutil,
muere el abrazo del más gentil.

¿Quién moverá los cielos?
¿Quién romperá el silencio?
Si el alma no aprende a sentir,
condenados están al partir.
Cambiaron los sueños por ruina,
riendo del pobre a escondidas,
creyendo que vida es solo la tierra,
ignorando el castigo que en sus manos tiembla.

Poderosos del odio y dueños de nada,
sus vidas vacías se quedan sin alma.
La culpa la carga el que alimenta a la fiera,
te acompaña en silencio, hasta el final de la cerca,
esperando paciente, arrastrado en la hierba,
que el ser miserable llegue ansioso a la meta.

Te llevará a lo incierto, a sus aguas muertas.
Te dejará atrapado, donde las voces suenan,
donde el dolor es eterno, donde los días queman;
te arrastrará al infierno con sus garras eternas.

84. Vivir sin miedo

No vine al mundo a pasar de puntillas
ni a vestir de dudas mi voz verdadera;
nací para andar, aunque duelan las piernas,
aunque el día tiemble, aunque el alma duela.

No quiero una vida vivida en secreto
ni un alma dormida que nunca se atreva,
prefiero un camino que sea incompleto
a una jaula segura que al miedo se entrega.

No temo al error, ni al juicio que miente,
ni al paso doblado, ni al grito del fuego;
temo al no intento, al «quizás» que muero,
al corazón tibio, al latido pequeño.

Vivir sin miedo es abrir la ventana
cuando la tormenta golpea el cristal,
es reír con todo, es soltar las ganas
de tener el control de lo que es vital.

Es bailar a solas bajo la intemperie,
decir «sí» sin mapa, sin paraguas fijo;
es saber que hay riesgo en cada serie,
pero también magia… en cada desvío.

85. Yo, sin disfraces

No me disfrazo para ser querida
ni apago mi voz por miedo a herir,
prefiero el rechazo de lo no fingido
que la aceptación por no existir.

He sido río que rompe su cauce,
he sido llama que no se contiene,
y aunque mi forma no siempre encauce,
mi esencia entera… nunca se detiene.

No cambio mi alma por un aplauso
ni visto verdades que son mentiras,
soy viento libre, soy mi propio lazo,
no tengo un precio, no soy corrompida.

Hay quienes cambian, cavando su pozo,
hay quienes mienten para dibujar,
pero yo elijo, con todos mis polos,
ser lo que soy, sin ningún disfrazar.

No vine a este mundo para rellenar moldes
ni a vivir pendiente de un replicar.
Soy mi verdad, sin pedir que me absuelvan;
mi interior resuena como un huracán.

86. Consejeros del espejo ajeno

Van por la vida como viento sabio,
soplando juicios desde sus labios.
Son relojes rotos marcando el paso,
sin ver que su alma camina en retraso.

Se visten de soles en plena tormenta,
señalan al otro con mucha destreza.
Trazan caminos sin haber andado,
consejos vacíos, orgullo en lo alto.

Hablan de vuelos, de cielos sin bruma,
mientras su alma en el barro se esfuma.
Ofrecen estrellas con almas vacías
y lloran sus noches, añoran la vida.

Son arquitectos de ajenas paredes,
con grietas propias que nadie les cede.
Jardineros de tierras que no les germinan,
con raíces secas que ya no caminan.

Predican la calma, la fe, la salida,
pero llevan tormentas, raíces de espinas.
Tejen discursos de oro y diamante,
cuando su techo es puro semblante.

Van dando consejos, verdades del mundo,
su ego les cubre sus charcos inmundos,
no arreglan sus vidas, pero sí la del alado.
Por la boca se pierde el que nunca ha luchado.

Se ríe del sabio, sin ser consciente
de que el sabio es quien calla y en silencio asiente.
No discute verdades que el ego no entiende,
una mente dormida no hay quien la despierte.

Pero tú, viajero de alma sincera,
no escuches palabras de lenguas ligeras.
Que el alma que sabe no grita su suerte,
camina en silencio, firme y fuerte.

87. Lazos de sueños rotos

En la sombra quieta de un deseo,
se quiebra el brillo, se apaga el velo;
la voz que ayer cantaba con amor
hoy calla triste, envuelta en dolor.

Promesas hechas con palabras de viento
se disuelven lentas, sin aviso, sin aliento;
como hojas secas que arrastra el río,
se lleva el alma el cruel desafío.

La ilusión fue una estrella en la tormenta,
una luz que al cielo siempre se enfrenta,
pero el rincón frío del desencanto
rompió el espejo donde puse mi canto.

Quedó solo el vacío en mi pecho,
un espacio mío, un rincón estrecho
donde el amor fue sombra fugaz,
en la oscuridad profunda
donde aprendió a perdonar.

Pero en cada herida que se abre,
la fuerza crece, no se funde,
porque en la desilusión profunda
se forja un alma que no se hunde.

88. Hermanos, ríos y faros

Eres río que nunca se pierde
y al mar de mi alma siempre se vierte.
Hermano, brújula en noches calladas,
luz que me guía con una mirada.

Como árbol que da sombra y calma,
eres refugio, mensajero del alma.
No es el lazo solo de sangre y tiempo;
es resistencia, viento y cimiento.

Compañero en tormentas y en risas,
tu presencia la vida eterniza.
Cuando el mundo se viste de frío,
tus abrazos me brindan abrigo.

Y aunque el camino sea de piedra y barro,
tu amor es constante, amigo y hermano.
Callarás las fieras, romperás el llanto,
caminando lento, disfrutando el paso.

89. Hijo, raíz del cielo

Eres semilla que brotó del alma,
lluvia tibia que me ofreció la calma,
latido que tejió tu nombre,
bajo la sombra silenciosa de aquel roble.

Fuiste sol antes que amanezca,
fuiste luna antes de caer la noche;
atravesando la puerta de la vida,
mis brazos se encontraron con tu nombre.

Pero ahora no te llevo en mis brazos,
sino en la sangre que canta
en cada hilo del alma,
en todo aquello que brilla
y en todo aquello que amas.

Eres mi espejo pequeño,
mi mañana más sincera,
el poema que ahora escribo
y la canción que en mente resuena.

Si algún día dudas del camino,
cierra los ojos, vuelve al inicio,
búscate dentro, busca tu abrigo.

El miedo también es amigo del valiente.
Hasta las águilas más fuertes tiemblan
cuando el viento amenaza sus nidos.

90. Jardín de espinas

En el jardín donde crecen los días,
brotan flores, pero hay espinas frías,
voz de viento que susurra en la rama,
un canto dulce que se vuelve trama.

Hay soles que queman sin tener fuego,
y lluvia que cae después del silencio,
palabras lanzadas como piedra al viento,
susurros que visten también de lamento.

La madre es río que también enfurece,
que arrastra mareas cuando el mundo se tuerce;
no ve el daño que el agua causa,
enseña que al miedo no hay que darle casa.

Bajo su sombra, el niño crece,
aprende a esquivar lo que aderece,
y en ese suelo, donde algunas cosas que duelen,
la fuerza crece, aprende a ser fuerte.

Porque, aunque hiera la voz que abraza,
hay en el alma una luz que no cansa,
y en el jardín, tras tanta espina,
brotará al fin una flor divina.

91. La miseria invisible

No basta con llenar bolsillos agujereados,
el alma no se nutre con papeles;
ayuda si tienes lleno el alma, pero
destruye a quien vacío está por dentro.

No es pobre quien carece de grandezas,
sino quien ya no siente los sonoros,
mirando hacia arriba con recelo,
pensando que en lo alto están los logros.

Hay miradas que cruzan sin mirar,
bocas que hablan sin querer callar,
corazones que al latir ya no se mueven,
dibujando sonrisas en sus papeles.

La pobreza del alma es más temida
que el pan que falta o la herida vivida;
es no llorar ni por uno mismo,
caer sin fondo y llamarlo *abismo*.

Es tener luz y vivir en lo oscuro,
negar el viento y cerrar el muro,
no tender la mano ni pedir abrigo
y ser uno solo… sin ser ni amigo.

Yo vi la miseria en un traje caro,
en una sonrisa vacía de amparo,
y supe entonces —sin duda ni calma—
que la mayor pobreza es la que carga el alma.

92. Los restos de la pólvora

Lloro guerras que no viví,
pero que duelen como si fueran mías.
Niños que nacen entre ruinas,
madres que entierran cada día.

¿Dónde se pierde la humanidad
cuando un disparo silencia un canto?
¿Quién decide que una tierra vale más
que el alma rota de un llanto?

Escucho gritos que no alcanzan el cielo,
veo rostros que el miedo ha marcado.
Y me pregunto en silencio, sin consuelo,
cómo un hombre puede estar tan quebrado.

Veo el mundo arder en pantallas
mientras desayuno con normalidad.
Y me duele…
me duele esta absurda capacidad de mirar y callar.

Las bombas no saben de fronteras,
ni de dioses, ni de razón.
Rompen cuerpos, sueños y escuelas;
apagan la risa sin perdón.

Y yo, desde esta paz prestada,
me siento culpable de respirar.
Porque hay alguien allá afuera
muriendo por no poder hablar.

Las guerras no tienen rostro noble
ni victoria que valga el horror.
Solo dejan escombros y nombres
que el viento arrastra sin honor.

No escribo esto para cambiar el mundo,
pero sí para decir que me importa.
Que en cada lágrima que escondo
hay una guerra que me toca.

93. Vestidura de luz ajena

Hay quienes caminan con paso sereno,
rostro de oro, corazón de veneno.
Predican bondades en cada oración,
pero en su sombra anida la intención.

Van como faros, altos, brillantes,
pero su luz no llega a los caminantes.
Son templos de roca, fríos por dentro,
con puertas cerradas al sentimiento.

Usan palabras como espejos limpios,
pero sus actos son oscuros vestigios.
Se visten de paz, de amor y de fe,
mientras su alma no sabe por qué.

Ayudan si hay ojos, si hay testigo fiel;
su bien es teatro, su amor un cartel.
Hablan de empatía, de dar sin medida,
pero dan migajas para mostrar su herida.

Se arrodillan ante causas ajenas,
pero pisan flores con sus propias penas.
Predican la dulzura con la palabra,
mientras que con los pies la bondad aplasta.

Mas la verdad, aunque tarde, despierta
y el alma hueca sola se revienta.
Porque la bondad, si es de verdad pura,
no necesita máscara… ni armadura.

94. Voz de tu alma

En cada palabra que el viento lleva,
nace un suspiro, una luz nueva.
Eres la pluma que escribe el tiempo,
tejiendo sueños en cada fragmento.

Tu voz es río que fluye profundo,
que dibuja en el papel un mundo,
un cosmos entero de penas y risas,
donde el alma escribe sin prisas.

No buscas razones en vidas ajenas,
tu canto es fuego sin cadenas,
creas con tinta el aire y la vida,
una verdad que en el alma se escriba.

Sigue escribiendo, soñadora eterna,
tu arte es rama que nunca se quiebra,
porque en cada verso que tú engendras,
vive el latir de toda tu esencia.

95. Yo, hija del bosque

Yo la amé desde antes de nombrarla,
antes del musgo, del río, del sol,
cuando era solo un suspiro en el alba
y el viento tejía mi canción.

La naturaleza fue mi madre oculta,
mi refugio, mi casa, mi diosa mayor.
Aprendí a hablar en lengua de ramas
y a llorar con la lluvia su bendición.

Me acosté en el pecho de la tierra,
sentí su pulso como un tambor.
Ella me dio raíces invisibles
y un cielo abierto dentro del corazón.

A veces me hablaba en el vuelo de un ave,
a veces en el crujir de una flor.
Sus silencios sabían mis secretos,
sus montañas guardaban mi dolor.

No le pedí nada. Me lo dio todo.
Sin juicios, sin prisas, sin condición.
Y entendí que amar no siempre exige,
que a veces basta con la conexión.

Hoy le pertenezco sin cadenas,
la elijo cada día con devoción.
Porque en su abrazo me descubro entera…
y en su aliento florece mi voz.

96. El alma no se vende

Hay cosas que el oro jamás toca,
como el alma limpia y la voz que invoca.
Que todos tenemos un precio,
susurra el inseguro en silencio.

El pobre no sabe de amor,
el pobre no sabe de alma,
mientras que el sabio callado
lo observa en silencio y calma.

El alma no quiere ser florero de esquinas,
le gusta moverse, saltar de alegría.
Porque quien la vende se pierde en el juego
y quien la cuida… se eleva en su fuego.

97. Soñar es necesario

Soñar no es fuga ni simple capricho,
es trazar caminos cuando no hay nicho.
Es ver con los ojos que no son de carne
y pintar futuros donde todo arde.

El que no sueña vive atrapado,
repitiendo el mundo que otros han creado.
Pero quien sueña, aún con el suelo roto,
tiene en el alma un vuelo sin coto.

Quien vibra, se mueve, persigue los sueños,
persiste en lo oscuro, disfruta lo bueno,
contando escalones, marcando su paso,
disfruta el camino, valora el cansancio.

98. Un pestañeo

Bonito es el tren de los sueños,
que pasa con prisa,
que pasa con miedo.

Acepta el pasado,
afronta el presente,
proyectando el futuro
hacia un sueño latente.

Estás vivo, estás fuerte,
estás aquí presente,
con la frente en alto,
con el corazón latente,

con la juventud presente,
corriendo hacia la meta
con el miedo ausente.

Abre los ojos, cruza la meta,
corre sin miedo y no te detengas.

99. Cuando el corazón despierta

Cuando el corazón despierta, no hay regreso,
late más fuerte que cualquier consejo.
Se atreve a sentir sin pedir permiso
y cruza el abismo sin mapa ni juicio.

Despierta en un gesto, en una palabra,
en una mirada que todo lo cambia.
Y aunque tiemble el alma por lo que se arriesga,
vivir con el corazón siempre valdrá la pena.

100. El amor de hermanos

No hay lazo más puro que el de los hermanos,
hecho de juegos, peleas y manos.
Caminos distintos, orillas distantes,
pero el mismo río corriendo constante.

Es un amor que no pide licencia,
que rompe el orgullo con una presencia.
Hermanos de sangre, hermanos de lazos,
hermanos de soles, hermanos de abrazos.

A veces perdidos, a veces quebrados,
hermanos alegres, hermanos del caos.
La base está firme y a veces temblando,
pero las raíces jamás se han secado.

101. El poder de una familia unida

No es la sangre quien hace la alianza,
es el alma que elige su casa.
Una familia unida es un templo invisible,
que se alza más fuerte cuanto más imposible.

No importa el tamaño, el lugar o el pasado
si hay lazos de amores y lucha en las manos.
La unión empodera a cualquier solitario
si lleva en los brazos amor desbordado.

Caminos de hormigas y pasos cansados,
problemas que emergen, temor del engaño.
Familia unida no es cosa de todos,
es cosecha del alma y siembra del logro.

Las familias unidas no son incompletas;
son huella de historia, son amor de receta.
Emigran sus almas, no existe distancia,
acompaña en silencio, abrazando lo que calla.

102. La libertad de la verdad

La verdad no suplica, no ruega ni finge,
es llama que arde aunque el mundo se extinga.
Y quien se atreve a mirarla de frente
gana la libertad más limpia y valiente.

No siempre conviene, no siempre es liviana,
pero abre caminos donde no hay nada.
Y al liberarse de las formas impuestas,
la vida se vive sin culpa ni cuenta.

La verdad aplasta al cruel mentiroso,
al que, con sus manos, levanta sus trozos.
La lengua embustera se acaba enredando
con su propia mentira, con sus propias manos.

Hay muros que ocultan, pero también revelan
palabras calladas que el eco desvela.
En grietas profundas respiran verdades,
que el miedo encierra y el alma sabe.

No todo encierro es piedra y cemento,
hay prisiones de orgullo y de argumento.
Pero la verdad, paciente y sincera,
germina en silencio aunque nadie la quiera.

103. Lo que esconde una sonrisa

No toda sonrisa nace de alegría,
algunas son muros que esconden heridas.
Brillan los dientes, calla la pena,
y el rostro disfraza lo que el alma condena.

Pero hay sonrisas que son medicina,
que curan el miedo sin una doctrina.
Y otras que gritan detrás del exceso,
que han aprendido a vivir en silencio.

La más bonita es la que sale del alma;
sonríen los labios, pero también la mirada.
La risa sincera se siente por dentro;
no es algo forzado, es algo sincero.

104. Lo que guarda un amigo

Un amigo que guarda secretos,
guarda instantes y abrazos eternos.
Es ese rincón sin juicio ni prisa,
donde la herida se vuelve ceniza.

No necesita palabra perfecta
ni exige promesas que el viento despeina.
Guarda lo que somos, sin maquillaje,
y aun en la sombra es luz en el viaje.

105. No temer a ser diferente

Ser distinto no es error ni condena,
es un don disfrazado de pena.
El mundo teme lo que no domina,
pero el alma auténtica siempre ilumina.

No temas tu forma, tu voz o tu paso,
porque en la diferencia se halla el abrazo.
Quien se atreve con el alma desnuda
rompe las jaulas y la herradura.

106. Un pueblo dormido

Un pueblo dormido no escucha su llanto,
se acuna en promesas que ocultan el manto.
Sueña con luces mientras le apagan la vela,
vive esperando que otro lo mueva.

Pero el día llega y todo estalla,
el murmullo se vuelve metralla.
Porque ningún pueblo dormirá eternamente,
porque con cada golpe son más resilientes.

107. Alas del alma

Siempre sentí que mi espíritu
tenía plumas invisibles.
No nací para el encierro,
sino para los imposibles.

Soy rama que se estira al cielo
aunque el tronco tenga heridas,
y cada vez que caigo,
despierto… como quien anida.

Hay pájaros que no cantan
porque temen su sonido
y otros que olvidan sus alas
por no haberse atrevido.

Pero el alma —cuando escucha—
reclama su altura sagrada
y no hay barro en la tierra
que la sostenga anclada.

108. Cree en ti

Cree en ti aunque tiemble la voz,
aunque el mundo te devuelva silencios
cuando tú das palabras.
Aunque el camino parezca tallado
por manos ajenas y no encuentres tu trazo
entre tanta huella prestada.

Cree en ti,
porque hay luz en tu sombra
y fuerza en tu herida.
Porque, aun rota, sigues entera
cuando otros solo conocen el ruido,
pero tú llevas tormentas
que aprendiste a bailar.

Cree en ti
cuando nadie entienda tu lucha,
cuando tu calma incomode,
cuando el «no puedes» se repita
como eco cansado en bocas sin alma.

Cree en ti
aunque caigas mil veces
y el suelo parezca un destino.
Tú no naciste para arrastrarte:
naciste para aprender a volar
aun con las alas rasgadas.

Cree en ti…
no por lo que el mundo reclame,
sino por el fuego que aún danza en tu pecho.
Porque a veces basta una chispa en la penumbra
para encender constelaciones enteras,
y tú —alma antigua—,
como el río que fluye, sigues tu rumbo
aunque nadie comprenda tu cauce profundo.

109. Peldaños del sueño

Los sueños no golpean la puerta
como si el destino fuera cartero de anhelos.
Hay que salir a buscarlos con los pies firmes,
la mirada al frente y la mente abierta.

No basta con desear ni con esperar sentado
en el rincón tibio del camino.
Los sueños se revelan
a quienes los persiguen andando,
aunque el viento sople en contra
y cada paso duela como cicatriz que ensaña.

No valen las sillas que invitan al sueño
sin esfuerzo, ni la trampa de creer
que lo fácil traerá lo eterno.

Los sueños no son casualidades ni treguas;
son batallas dulces,
escalones que sangran y elevan.
Si fueran sencillos,
no se llamarían *sueños*.

Cada peldaño que se sube
es un pacto con uno mismo:
con la constancia, con la espera,
con el arte de volver a intentarlo
cuando todo grita rendición.

No hay atajos que valgan,
quien salta sin mirar cae dos veces
y quien evita el proceso
vuelve al inicio con las manos vacías
y la lección en los ojos.

Porque no es solo llegar;
es disfrutar del vértigo
de sentirse cada vez más cerca,
es saborear la adrenalina de avanzar,
aunque sea lento, aunque sea duro.

La meta no es un vuelo,
es una marcha de pasos sinceros
que esquivan piedras y dejan huellas.

Luchar por lo que se sueña
no es tiempo perdido.
Es tallar el alma con intención,
es sembrar aunque duela el camino,
es confiar en que cada paso
te moldea y te acerca
aunque el horizonte aún no alcances.

110. Pequeños héroes

Hay héroes sin capa
ni medallas brillantes,
que no corren en parques,
pero corren batallas
desde camas pequeñas
y sábanas blancas.

Niños que escriben coraje
con ojos que duelen,
con cuerpos cansados,
pero almas que pueden.
Niños que ríen a ratos
como quien desafía la sombra,
que hacen de cada suspiro
una victoria profunda.

Desde un rincón de hospital
tejen luz en sus sueños,
nos muestran que el valor
no siempre grita,
que a veces resiste en silencio.

La vida —esa que a veces ignoramos—
es un regalo con pulso,
y estos héroes pequeños
nos lo recuerdan a diario
con cada latido luchado,

con cada noche vencida,
con cada mirada que dice:
«Estoy aquí, todavía».

Así que, si hoy caminas,
si hoy respiras,
si hoy puedes elegir tu día,
agradece.
Porque hay quienes enseñan
que vivir
ya es un milagro.

111. Reflexión del autor

Aprender a vivir no es cosa de libros; es un trabajo de intros-
pección, donde la inteligencia emocional, los sentimientos y
los esquemas mentales son los pilares fundamentales para este
aprendizaje. Si alguna de esas piezas es incorrecta, la única opción
es derrumbar el esquema y volver a construir. Algunas personas
tienden a una actitud de rechazo al retroceso, el cual es positivo,
necesario y primordial para volver a empezar.

Si construyes una casa sobre unos cimientos inestables, el resulta-
do es predecible: una casa que en pocos años deberás derrumbar
para volver a construir, o dejarla a la suerte, que se derrumbará
sola, sin saber ni cómo ni cuándo, acarreando además con todas
las consecuencias que conlleve.
Estés preparado o no, la casa se derrumbará; lo mismo pasa con
nuestras vidas.
Intentamos construir la casa perfecta, pero sobre unos cimientos
a veces aprendidos o defectuosos. Es aquí, entonces, cuando te-
nemos la posibilidad de restaurar nuestra mente, reconstruyendo
nuestra vida, inclinándola a nuestros pensamientos, experiencias,
sentimientos, principios y forma de vivir, para seguidamente vol-
ver a construir.

Vivimos en un mundo donde nos han acostumbrado tanto a lo
complejo —«No hay tiempo para lo simple, porque hay que re-
solver primero lo más enrevesado»— que no somos capaces de ver
las pequeñas cosas, esas que son la clave para ser feliz; y si alguien
las ve, tiende a complicarlas a su antojo, para dar más trabajo a su
mente con información realmente irrelevante, convirtiendo algo
sin importancia en la preocupación de su día.

Desde el momento que entendí que el mayor logro del ser humano es ser feliz, comprendí que solo hay un propósito: saber hacer el camino, disfrutando de él, para poder sentirnos libres y no caer en el error de lo que supuestamente se debe hacer para conseguirlo.

Sobre la autora

Nacida en Argentina en 1980. Marcela Grifó Pasquali se trasladó a España en una edad temprana, es auxiliar de enfermería y celadora sanitaria, pero mucho antes de vestir uniforme ya vestía palabras.

Desde niña, encontraba en el papel un refugio, una compañía silenciosa.

Mientras el mundo giraba con prisa, ella tejía versos con calma.

La poesía no la buscó… simplemente habitaba en ella, como si cada emoción que no se decía con la voz quisiera nacer en forma de poema.

Podía pasar horas escribiendo sin mirar el reloj, como si el tiempo se detuviera entre rimas y metáforas.

Y aunque la vida la llevó por otros caminos, el deseo de publicar su libro fue siempre una promesa que le susurraba el corazón.

Hoy, ese susurro se convierte en palabra impresa.

Porque algunas tareas no son pendientes de la mente, sino del alma.

Índice